❸ 찌릿찌릿, 전기가 필요해!

글쓴이 주디 캐치크
미국 뉴욕에 살고 있는 동화 작가이자 어린이 TV 프로그램 작가입니다. 「리틀 골든 북 Little Golden Book」 시리즈, 「가장 작은 애완동물 가게 The Littlest Pet Shop」 시리즈, 「신기한 스쿨버스 어드벤처」 시리즈 등 어린이를 위한 책을 쓰고 있습니다.

그린이 아트풀 두들러스
일러스트레이션 및 디자인 스튜디오입니다. 여러 아티스트가 모여 「과학탐험대 신기한 스쿨버스」 시리즈, 「신기한 스쿨버스 어드벤처」 시리즈 등 어린이를 위한 그림을 그리고 있습니다.

옮긴이 이한음
서울대학교에서 생물학을 공부했고, 현재 과학책을 쓰고 번역하고 있습니다. 지은 책으로는 『바스커빌 가의 개와 추리 좀 하는 친구들』, 『생명의 마법사 유전자』 등이 있고, 옮긴 책으로는 「자연 다큐 백과」 시리즈, 『경이로운 동물들』, 『빠르게 보는 우주의 역사』 등이 있습니다.

1판 1쇄 찍음—2023년 11월 28일, 1판 1쇄 펴냄—2023년 12월 12일
글쓴이 주디 캐치크 그린이 아트풀 두들러스 옮긴이 이한음 펴낸이 박상희 편집장 전지선 편집 송재형 디자인 정다올
펴낸곳 ㈜비룡소 출판등록 1994. 3. 17.(제16-849호) 주소 06027 서울시 강남구 도산대로1길 62 강남출판문화센터 4층
전화 02)515-2000 팩스 02)515-2007 홈페이지 www.bir.co.kr
제품명 어린이판 각양장 도서 제조자명 ㈜비룡소 제조국명 대한민국 사용연령 3세 이상

THE MAGIC SCHOOL BUS RIDES AGAIN: MONSTER POWER
Copyright © 2018 Scholastic Inc. Based on the television series THE MAGIC SCHOOL BUS: RIDES AGAIN © 2017 MSB Productions, Inc. Based on The Magic School Bus book series © Joanna Cole and Bruce Degen.
SCHOLASTIC ™, THE MAGIC SCHOOL BUS ™ and associated logos are trademarks and/or registered trademarks of Scholastic Inc. All rights reserved.
Korean Translation Copyright © 2023 by BIR Publishing Co., Ltd.
This Korean translation edition is published by arrangement with Scholastic Inc., 557 Broadway, New York, NY 10012, USA through KCC(Korea Copyright Center Inc.), Seoul.

이 책의 한국어판 저작권은 ㈜한국저작권센터(KCC)를 통해 저작권사와 독점 계약한 ㈜비룡소에 있습니다.
저작권법에 의해 한국 내에서 보호를 받는 저작물이므로 무단 전재와 무단 복제를 금합니다.

ISBN 978-89-491-5463-3 74840 / ISBN 978-89-491-5460-2(세트)

신기한 스쿨버스 어드벤처

③ 찌릿찌릿, 전기가 필요해!

주디 캐치크 글 · 아트풀 두들러스 그림 | 이한음 옮김

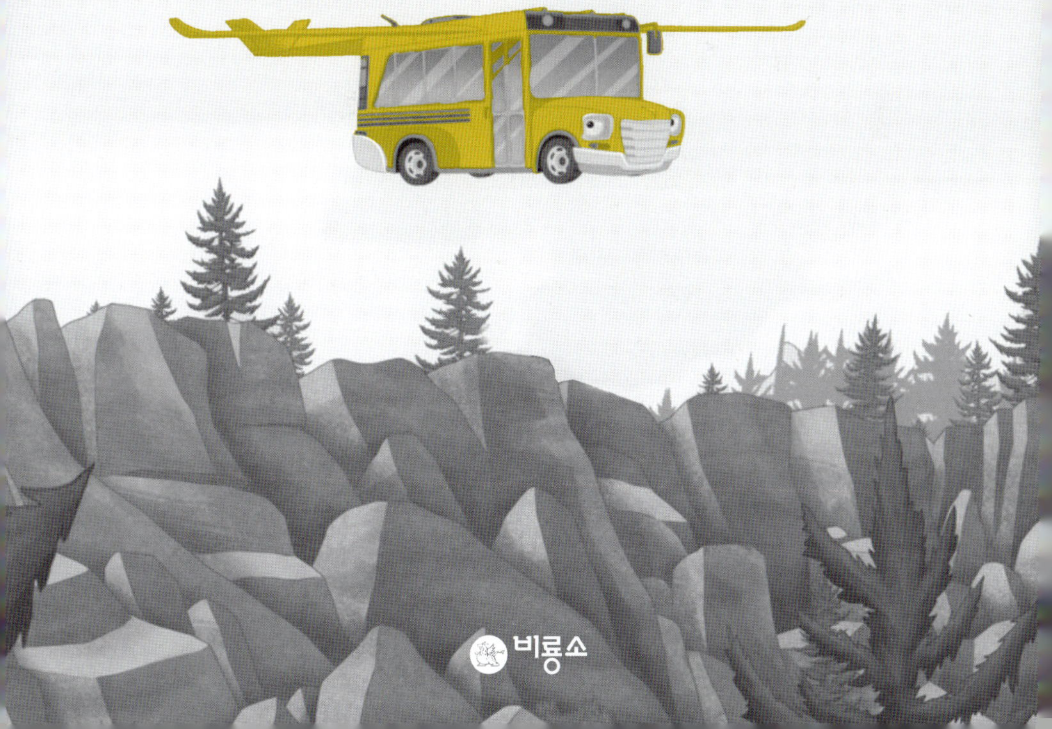

비룡소

프리즐 선생님 반 친구들

조티

아널드

랠프

완다

키샤

도로시 앤

카를로스

팀

리즈

차 례

1장 아널드의 오싹오싹 괴물 이야기 … 7

2장 전기가 없으면 안 돼! … 19

3장 발전기를 돌려라! … 31

4장 얼룩 괴물은 오염을 좋아해 … 45

5장 연이 되어 바람을 타다 … 50

6장 페달 밟기를 멈출 수 없어! … 59

7장 데굴데굴 바퀴 대소동 … 70

8장 물과 바람의 힘을 모아서 … 81

9장 한여름 밤의 캠프파이어 … 91

　신기한 과학 개념 사전 … 102

　호기심 해결! 질문 톡톡 … 104

1장
아널드의 오싹오싹 괴물 이야기

프리즐 선생님 반의 하루가 막 시작되었어요.

아널드는 친구들에게 들려주고 싶은 이야기가 있었어요. 공포 영화에서 본 끔찍한 괴물 이야기였지요.

"그렇게 징그러운 건 처음 봤다니까. 눈알이 14개나 있고, 무시무시하고 거대한 촉수가 꿈틀거리는데! 으으윽!"

아널드가 소름이 돋는 시늉을 했어요.

"그런 생물이 있다는 얘기는 한 번도 들어 본 적 없어. 만약 같은 종이 다 죽고 혼자만 살아남은 거라면 얼마나 외로울까?"

완다가 안타까운 표정으로 말했어요.

아널드는 완다가 모든 생물을 구하는 데 열정을 쏟는다는 것을 알고 있었어요. 설마 거기에 괴물도 포함되어 있을 줄은 몰랐지만요.

"완다, 불쌍하게 여길 필요 없어! 그 괴물은 입에서 황산이 나오고, 코로는 불을 막 뿜어낸다니까!"

아널드의 말에 팀이 고개를 갸우뚱하면서 물었어요.

"무슨 산이라고?"

"황산! 강한 산성을 띠는 물질이야. 색깔도, 냄새도 없는 액체인데 우리 몸에 닿으면 화상을 입게 돼."

도로시 앤이 똑 부러지게 설명했어요. 도로시 앤은 어떤 질문에도 답할 줄 아는 아이였어요. 모르는 건 조사를 통해 답을 찾아냈지요.

"헉, 괴물이 내뿜는 것에 맞으면 엄청 아플 것 같은데? 트림할 때는 근처에도 있으면 안 되겠다."

팀이 말했어요.

그때 랠프가 아이들 쪽으로 오며 불쑥 끼어들었어요.

"트림이라고? 애들아, 할 말이 있으면 말로 해."

"랠프, 우린 무시무시한 트림을 하는 괴물 이야기를 하는 중이었어. 아널드가 본 영화 속 괴물 말이야."

팀이 설명해 주었어요.

"트림이라면 내 특기인데! 끄어억!"

랠프가 농담으로 받았지요.

아널드는 괴물 이야기를 계속했어요.

"이 괴물은 밤에만 움직여. 또 **환경 오염**이 된 곳을 좋아하지. 오염 물질을 빨아들이면 덩치가 점점 커지거든. 얼룩덜룩 시커먼 몸이 하늘을 꽉 채울 정도로 거대해진다니까! 그래서 얼룩 괴물이라고 불러!"

"환경 오염을 좋아한다고? 고약한 냄새가 나는 공기랑 더러운 물을 누가 좋아하겠어?"

완다가 물었어요.

"얼룩 괴물은 좋아해! 그리고 이 괴물을 막을 수 있

는 건…… 바로 빛뿐이야!"

아널드가 대답했어요.

아널드는 친구들이 오싹한 얼룩 괴물 이야기를 들으면 헉하고 숨을 크게 들이쉬거나, 부르르 몸을 떨거나, 꺄악 비명을 지를 거라고 생각했어요. 하지만 모두 빙긋 웃거나 낄낄거릴 뿐이었어요.

"아널드, 괴물 영화 이야기는 재미있었어. 그런데 그런 괴물이 진짜로 있을 것 같지는 않아."

랠프가 말했어요. 하지만 아널드에게는 현실처럼 느껴졌지요.

"어쨌든 난 이제부터 빛이 있는 곳에서만 지낼 거야. 다시는 컴컴한 곳에서 잠들지 못할 것 같아."

아널드가 말했어요. 그러고는 교실 안을 둘러봤어요.

"어? 그런데 너희들 왜 배낭이랑 침낭을 메고 있어?"
그때 갑자기 교실 천장에서 밧줄이 쑥 내려왔어요. 아이들이 올려다보니 그곳엔 프리즐 선생님이 있었어요. 선생님은 밧줄을 타고 슈우욱 내려왔어요. 그리고

교실 한가운데로 폴짝 뛰어내렸지요. 귀염둥이 도마뱀 리즈도 프리즐 선생님 등에서 내려왔어요.

"안녕, 야영객 여러분!"

프리즐 선생님이 밝은 목소리로 인사를 건넸어요. 선생님은 나무와 산이 그려진 옷을 입고, 별 모양 나침반을 목에 걸고 있었어요.

"모두 준비되었나요?"

팀, 완다, 도로시 앤, 랠프가 고개를 끄덕였어요. 키샤, 카를로스, 조티도 준비를 다 마쳤지요.

프리즐 선생님이 이끄는 과학 현장 학습에는 언제나 놀라운 일이 가득해요. 프리즐 선생님은 아이들을 데리고 바닷속이나 화산 속까지, 세상 모든 곳으로 모험을 떠나요. 그리고 바로 그 점 때문에 아널드는 늘 걱정이 가시지 않지요.

"어…… 프리즐 선생님, 무슨 준비요?"
아널드가 물었어요.

"그야 모험을 떠날 준비지! 모닥불을 피워 캠프파이어도 하고, 완전히 어두컴컴한 대자연의 숲에서 잠드는 거야!"

"어두컴컴한 곳이요?"

프리즐 선생님 말에 아널드는 새파랗게 질렸어요.

"어쩌면 엄청나게 큰 거미를 볼 수도 있어! 아니면 거대한 뱀이 나타날지도 모르지!"

카를로스가 씨익 웃으며 말했어요.

"그보다 더 무서운 게 나타날지도……."

아널드는 중얼거렸어요.

'대체 어쩌려고 캄캄한 숲에서 잠을 자겠다는 거지? 그러다가 얼룩 괴물에게 잡아먹히고 말 거야!'

아널드는 점점 무시무시한 생각에 빠져들었어요. 뭔

가 조치를 취해야 한다고 생각했지요. 그래서 손을 들어 흔들면서 급히 소리쳤어요.

"선생님! 프리즐 선생님!"

"아널드, 무슨 할 말이 있니?"

프리즐 선생님이 묻자 아널드가 외쳤어요.

"저는 못 가요! 이번 현장 학습에 못 간다고요!"

2장
전기가 없으면 안 돼!

"아널드, 왜 못 간다는 거니?"

프리즐 선생님이 물었어요.

"저한텐 침낭도, 잠옷도 없는걸요! 전 불에 절대 타지 않는 잠옷만 입어요!"

"아하, 이 잠옷 말하는 거지?"

프리즐 선생님이 줄무늬 잠옷을 들어 올렸어요. 그 뒤에는 아널드의 캠핑 장비가 쌓여 있었어요.

"아널드, 네가 집에 두고 온 걸 엄마가 학교까지 가져다주셨단다."

"본능적으로 잊은 거겠죠. 얼룩 괴물을 만나고 싶지 않으니까요!"

아널드가 대답했어요.

"얼룩 괴물이라고? 캠프파이어 시간에 들려줄 재미있는 이야기 같은데? 빨리 듣고 싶구나."

그리고 프리즐 선생님은 아이들을 향해 외쳤어요.

"자, 여러분. 캠핑을 떠나 볼까요!"

아널드는 친구들이 캠핑 장비를 챙겨 스쿨버스로 향하는 모습을 바라보았어요. 아널드는 이대로 떠날 수 없었어요. 아직 할 일이 있었거든요. 아널드는 교실 여기저기를 뒤져서 전등을 닥치는 대로 모았어요.

'불빛이 있으면 얼룩 괴물이 못 나타나. 얼룩 괴물이 아예 못 오게 해야 해!'

아널드는 그렇게 생각하고는 전등을 잔뜩 챙겨 넣은

가방을 들고 주차장으로 갔어요.

신기한 스쿨버스는 금방이라도 달릴 준비를 하고 있었어요. 헤엄치거나 날아가거나, 프리즐 선생님이 생각하는 그 어떤 놀라운 방법으로든 나아갈 수 있었지요. 신기한 스쿨버스는 세상에 한 대밖에 없는 놀라운 버스였어요.

프리즐 선생님과 아이들, 도마뱀 리즈는 자리에 앉아 안전띠를 맸어요.

"자, 여러분! 놀라운 과학 현장 학습을 떠날 준비가 되었나요?"

프리즐 선생님이 외치자 신기한 스쿨버스는 휘리릭 핑그르르 돌기 시작했어요. 점점 더 빨리 회전하더니 감쪽같이 사라졌지요!

신기한 스쿨버스가 굽이치는 기다란 강 위에 번쩍하고 나타났어요. 거대한 낙하산이 꼭대기에서 펼쳐지

면서 버스는 천천히 내려갔어요.

"세상에서 가장 완벽한 야영장에 온 걸 환영해요!"

프리즐 선생님이 외쳤어요. 그러자 아널드는 생각했어요.

'괜찮을 것 같은데.'

"우린 지금 세상에서 가장 멋있는 초대형 폭포 근처에 있답니다."

이어지는 선생님 말에 아널드는 얼굴을 찌푸렸어요.
'으으, 이건 별로야!'

신기한 스쿨버스가 물에 첨벙 빠지기 직전에 버스 바퀴는 공기가 들어찬 뗏목으로 변했어요. 이윽고 버스는 물 위에 부드럽게 내려앉았어요.

그때 랠프의 귀에 슈우우우 하는 소리가 들렸어요. 랠프는 침을 꿀꺽 삼켰어요.

"이게 무슨 소리지?"

랠프가 묻자 프리즐 선생님이 대답했어요.

"폭포에서 물이 떨어지는 소리란다. 멋지지 않니?"

무슨 소리인지 알았어도 랠프는 불안한 마음을 떨칠 수 없었어요. 그때 팀이 창밖을 가리키며 소리쳤어요.

"저기 폭포가 있어! 어, 그런데 버스가 점점 빨라지는 것 같은데?"

폭포 쪽으로 다가갈수록 물소리는 더욱 커졌어요.

"으아아아악!"

아이들은 꽥 비명을 질렀어요.

스쿨버스는 거대한 폭포를 향해 곧장 달려들었어요. 그런데 버스가 폭포 아래로 떨어지려는 순간, 프리즐 선생님이 운전대를 잡아당겼어요. 그러자 버스에서 비행기 날개가 쫙 펼쳐졌어요.

신기한 스쿨버스가 폭포에서 멀리 떨어진 곳으로 날아가자 아이들은 박수를 치며 환호했어요.
"와, 정말 굉장했어!"

"우리 고모할머니가 자주 하시던 말이 떠오르는군요. 캠핑은 짜릿해야 제맛이라고요!"

프리즐 선생님이 창밖을 내다보면서 농담했어요.

신기한 스쿨버스는 탁 트인 야영장에 살포시 내려앉았어요. 안전하다고 느낀 아이들은 신나게 뛰어놀 준비를 했어요. 조티는 자전거를 꺼냈고, 키샤와 팀은 챙겨 온 공과 연을 손에 들었지요.

반면 아널드는 뭘 하고 놀지 생각할 겨를이 없었어요. 아널드의 머릿속은 오로지 한 가지 걱정으로 가득했어요. 바로 얼룩 괴물 말이에요!

"아널드, 전등은 왜 그렇게 많이 들고 온 거야?"

조티가 물었어요.

"얼룩 괴물을 물리칠 수 있는 유일한 무기야. 얼룩 괴물은 빛을 무서워하거든."

아널드가 설명했어요.

"흠, 아널드. 실망시켜서 미안한데 네 계획에는 한 가지 문제가 있어."

조티의 말에 아널드는 생각했어요.

'문제가 있다고?'

아널드는 문제가 생기는 것을 무척 싫어했어요. 매운 고춧가루나 꽉 조이는 옷만큼이나요.

"여긴 숲 한복판이야. 대체 전등 플러그를 어디에 꽂을 수 있겠어?"

조티가 물었어요.

아널드는 멍하니 조티를 쳐다보다가 외쳤어요.

"맙소사! 왜 그 생각을 못 한 거지? 전등을 못 켜면 끔찍한 얼룩 괴물을 막을 수 없잖아!"

3장
발전기를 돌려라!

아널드는 어려움에 처했을 때 도와줄 만한 사람이 누구인지 알고 있었어요. 바로 프리즐 선생님이지요!

"프리즐 선생님, 야영장에서 전등에 **전기**를 공급할 방법이 없을까요? 집에서는 플러그를 콘센트에 꽂기만 하면 되는데 말이죠."

"아널드, 집에서는 **발전소**에서 만든 전기가 **전선**을 타고 들어오지만, 이런 산속에는 전선이 없단다."

아널드는 한숨을 푹 쉬었어요. 프리즐 선생님이 이렇게 말할 것 같았거든요.

"하지만 발전소에서 전기를 얻는 대신 직접 전기를 만들어 쓰는 사람들도 있지. 도로시 앤네처럼 말이야!"

도로시 앤은 태블릿으로 검색을 하면서 야영장 주변에 어떤 생물들이 있는지 조사하고 있었어요.

"도로시 앤, 너희 집은 플러그를 어디에 꽂아?"
아널드가 물었어요.

"벽 콘센트에 꽂는데? 왜?"

도로시 앤이 어리둥절한 표정으로 대답했어요.

"그 전기는 어떻게 만드는데?"

"대부분은 태양 빛을 이용해. 그걸 **태양 에너지**라고 하지. 그리고 예비용 발전기도 따로 갖추고 있어."

도로시 앤의 말에 아널드가 물었어요.

"발전기가 뭔데?"

"발전기는 바로 이런 거란다!"

프리즐 선생님이 대신 대답하며 신기한 스쿨버스 쪽으로 몸을 돌렸어요. 휘리릭! 그러자 버스 옆면에서 윙윙 소리가 나는 커다란 스크린이 나타났어요.
"여러분, 팝콘 준비하세요. 이제 영화를 볼 시간이랍니다!"
 프리즐 선생님이 말했어요.
 화면이 깜빡이더니 이내 흑백 영화가 상영되기 시작했어요. 아널드는 얼룩 괴물 같은 무시무시한 괴물이

나오는 영화가 아니라서 기뻤어요. 대신 영화가 다루고 있는 내용은…….

"발전기가 있습니다! 전기를 만드는 기계이지요."

스피커에서 영화 속 진행자의 목소리가 흘러나왔어요.

화면에서는 휘발유로 돌아가는 발전기의 내부 모습이 나왔어요. 아널드와 도로시 앤도 이렇게 기계 속을 본 것은 처음이었어요.

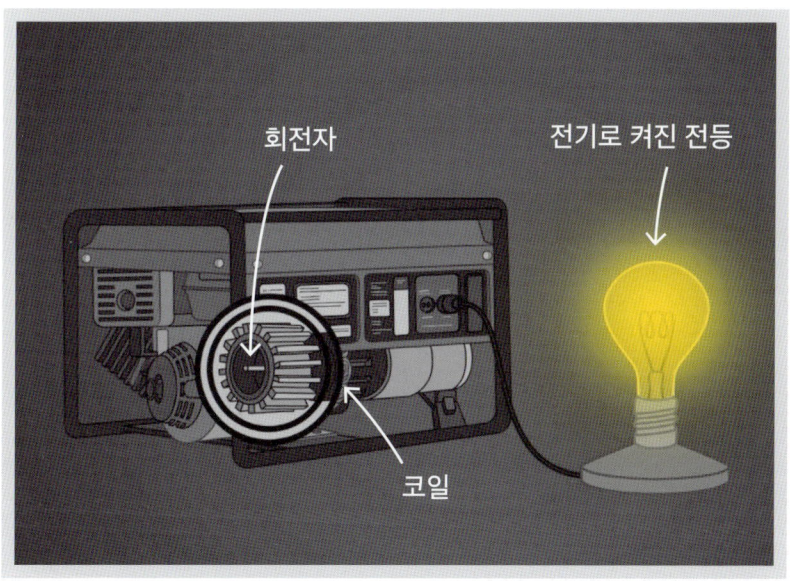

"**발전기**는 다양한 **에너지**를 전기로 바꾸는 장치입니다. 발전기의 한가운데에는 빙빙 도는 **회전자**가 들어 있습니다. 그 바깥을 전선을 둘둘 감은 코일이 둘러싸고 있지요. 회전자를 빙빙 돌리면 **코일**에서 전기가 생깁니다."

진행자가 설명했어요.

"바로 저거야! 발전기는 어디에서 구할 수 있지?"

아널드가 외쳤어요.

"잠깐 기다려 보렴. 버스를 태양 에너지 방식으로 바꾸기 전에 사용하던 발전기가 어디 있을 텐데……."

프리즐 선생님은 신기한 스쿨버스 트렁크를 열고 이것저것 잡동사니를 뒤지기 시작했어요. 이윽고 커다란 상자 모양의 오래된 기계를 턱 하고 꺼냈어요.

"여기 있네!"

"야호! 지금 설치하면 오늘 밤 안전할 거예요!"

"으음, 잘되기를 바랄게."

프리즐 선생님이 말했어요.

"리즈, 휘발유를 가득 채우자! 밤새 발전기를 돌려 전기를 만들려면 휘발유가 많이 필요할 거야."

아널드는 야영장을 빙 둘러서 전등을 설치하고 발전기에 연결했어요. 그런 뒤 리즈가 발전기에 휘발유를 넣는 모습을 지켜보았어요.

"잘 작동할 거야. 그렇지, 리즈?"

아널드가 물었어요.

그때 조티가 달려와 아널드를 불렀어요.

"아널드, 물가에 간식 차려 놨어. 먹으러 와!"

"글쎄, 난 할 일이 있는데……."

아널드가 망설이자 조티가 말했어요.

"지금 네가 해야 할 일은 재미있게 노는 거야!"

"논다고? 곧 밤이 될 텐데, 아직 전등에 불이 들어오는지 시험해 보지도 못했는걸."

아널드가 투덜거렸지만 조티는 아널드를 끌고서 물가로 내려갔어요. 그곳에서는 아이들이 모여서 피자를 먹고 있었지요.

바로 그때 어디에선가 프리즐 선생님의 목소리가 들렸어요.

"여러분! 굉장한 것을 보러 가지 않을래요?"

프리즐 선생님은 신기한 스쿨버스에 타고 있었어요. 스쿨버스는 어느새 커다란 배로 변신해 있었지요.

"모두 어서 배에 타요!"

프리즐 선생님이 외쳤어요.

"얘들아, 난 이럴 시간이 없어. 곧 저녁인데 전등을 설치하지도 못했다고. 이러다가는 얼룩 괴물이……."

"아널드, 그만 긴장 좀 풀어."

랠프가 아널드의 말을 가로막았어요.

아널드는 끙 소리를 내며 아이들과 함께 신기한 스쿨 배에 올랐어요. 아이들이 뱃머리에 자리를 잡자, 스쿨 배는 빠르게 나아가기 시작했어요.

"엔진을 끄고 있는데도 이렇게 빨리 움직이다니!"

팀의 말에 도로시 앤이 대답했어요.

"폭포에서 내려오는 강한 물살에 밀린 덕분이야."

"그런데 프리즐 선생님, 굉장한 것이 뭐예요?"

조티가 물었어요.

"그건 직접 느껴 보는 게 좋겠구나. 리즈, 시작하렴!"

프리즐 선생님이 외쳤어요.

리즈 선장이 엔진을 켜고 신기한 스쿨 배를 폭포 쪽으로 몰았어요. 그러자 폭포수가 아이들의 머리 위로 떨어졌어요.

"우아, 물이 엄청나게 많이 쏟아지네!"

카를로스가 말했어요.

"그만큼 쏟아지는 힘도 무척 세지."

프리즐 선생님이 덧붙였어요.

"네, 뭐, 멋지네요."

아널드가 한마디 했어요. 하지만 아널드는 떨어지는 폭포수에는 관심이 없었어요. 온통 다른 생각에 빠져 있었으니까요.

"이제 그만 돌아가면 안 될까요? 제가 우리 모두를 구할 수 있게요!"

"그래, 아널드. 구경은 다 했으니까."

프리즐 선생님이 대답했어요.

4장
얼룩 괴물은 오염을 좋아해

야영장으로 돌아온 아널드는 발전기를 작동시켰어요. 발전기는 털털거리다가 돌아가기 시작했어요. 아널드가 스위치를 켜자 모든 전등에 불빛이 들어왔지요.

"후유, 이제 마음 놓고 푹 잘 수 있겠어, 리즈. 내가 만든 이 엄청난 얼룩 괴물 퇴치기를 보면 모두 고마워할 거야!"

아널드가 말했어요.

"얘들아, 좋은 소식이 있어!"

아널드가 큰 소리로 친구들을 불렀어요.

"내가 우리 모두를 얼룩 괴물로부터 구했어! 이제 얼룩 괴물이 얼씬도 하지 못할 거야. 짜잔! 이 발전기는 휘발유를 태워서 회전자를 돌려. 그러면 전기가 만들어지지. 전기가 들어오면 전등이 켜지고, 환한 전등 불빛이 우리를 지켜 줄 거야!"

아널드는 친구들이 환호하며 박수 쳐 주기를 기다렸어요. 하지만 모두 조용했어요.

"음, 다들 관심이 없구나."

아널드가 한숨을 쉬었어요.

"아냐, 아널드. 너 정말 굉장해!"

조티가 말했어요.

"고마워, 조티. 내 노력을 알아주니 기뻐!"

아널드가 외쳤어요.

바로 그때 키샤가 말했어요.

"잠깐! 어디서 이상한 냄새가 나는데? 욱, 이 발전기에서 나는 냄새 같아."

"무슨 말이야? 발전기는 잘 돌아가고 있어."

아널드가 말했어요.

"아냐! 진짜로 냄새가 난다니까!"

키샤가 손을 휘휘 내저으며 발전기에서 나오는 뿌연

연기를 흩뜨렸어요.

"이것 봐, 발전기에서 **배기가스**가 뿜어져 나오고 있어. 이 발전기는 휘발유를 태워 전기를 만들잖아. 휘발유가 타면서 나오는 배기가스는 공기를 오염시켜!"

키샤가 말했어요.

"우엑, 이러다가 야영장이 온통 배기가스로 가득하겠어."

카를로스도 끼어들었어요.

"세상에, 누가 환경 오염을 좋아하겠어."

키샤가 말했어요.

아널드는 맞장구치려다가 불쑥 무서운 생각이 떠올랐어요.

"꼭 그렇지만도 않아. 세상에는 환경 오염을 좋아하는 존재도 있거든. 바로 얼룩 괴물 말이야!"

아널드가 외쳤어요.

5장
연이 되어 바람을 타다

아널드와 리즈는 멍하니 발전기를 바라보았어요. 아널드는 처음부터 다시 시작해야 한다는 걸 깨달았어요. 오염 물질이 발생하지 않는 깨끗한 **청정에너지**를 찾아내지 못하면 얼룩 괴물 퇴치기를 작동시킬 수 없으니까요.

"아널드, 이리 와. 계속 그 생각만 하고 있으면 스트레스 받잖아. 좀 쉬어."

카를로스가 말했어요.

"안 돼. 전등을 켤 깨끗한 청정에너지를 찾아야 해. 안 그러면 얼룩 괴물한테 잡아먹히고 말 거라고!"

아널드는 고집을 피웠어요.

"아널드, 그러지 말고 연 날리러 가자."

카를로스가 권했어요.

"난 됐어."

아널드는 거절했어요.

"글쎄 이럴 땐 기분 전환이 필요하다니까. 연은 넉넉하게 챙겨 왔어. 분명 재미있을 거야."

카를로스가 계속해서 아널드에게 말했어요.

"환경을 오염시키지 않으면서 발전기를 돌릴 방법을 찾는 게 더 중요해. 우리 모두에게 필요한 거니까!"

아널드가 말했어요.

"아널드, 마음껏 노는 것도 필요한 일이야."

카를로스가 대꾸했어요.

바로 그때 프리즐 선생님이 아이들을 불렀어요.

"여러분, 방금 막 좋은 생각이 떠올랐어요! 연을 날리는 대신에 직접 연이 되어 보는 게 어때요?"

프리즐 선생님 말에 카를로스가 환호했어요.

"너무 좋아요!"

"전 안 좋아요."

아널드가 중얼거렸어요.

훅! 훅! 훅! 신기한 스쿨버스가 아이들을 한 명씩 뿜어냈어요. 아이들은 연이 달린 옷을 입고 하늘을 둥실둥실 날았어요. 옷은 아주 기다란 줄로 신기한 스쿨버스와 연결되어 있었지요.

"오늘은 그냥 집에 있어야 했는데."

아널드는 바람에 실려 하늘 높이 올라가면서 투덜거렸어요.

"와아!"

세찬 바람이 몸을 휘감자 도로시 앤이 웃음을 터뜨렸어요.

"바람이 날 밀어 올리는 게 느껴져!"

"바람이 이렇게 힘이 셀 줄이야! 무지 강해!"

완다가 맞장구쳤어요.

"지금 바람이 얼마나 빨리 부는지 아는 사람 있어? 두고두고 자랑하고 싶어서. 킥킥."

랠프가 물었어요.

도로시 앤은 재빠르게 정보를 알아내는 것을 좋아해요. 랠프의 말이 떨어지자마자 바람의 세기를 측정하는 풍속계를 꺼내 들었지요.

"내 풍속계에 따르면, 시속 34킬로미터의 바람이 불고 있어."

"도로시 앤, 넌 풍속계를 늘 주머니에 넣고 다녀?"

랠프가 물었어요.

"당연하지. 넌 뭘 넣고 다니는데?"

"비상식량으로 먹을 피자! 으하하!"

랠프는 치즈를 잔뜩 올린 피자를 한입 베어 물었어요.

친구들의 피자 이야기는 아널드의 귀에는 전혀 들어오지 않았어요. 아널드의 머릿속에는 온통 얼룩 괴물 퇴치기 생각뿐이었지요.

"후유, 내가 지금 여기서 뭐 하고 있는 거지?"

아널드는 한숨을 쉬었어요.

"회전자를 돌릴 방법을 아직 찾지 못했는데……."

아널드는 연처럼 하늘에 둥둥 떠서 아래를 내려다보았어요. 높은 곳에서 보니 모든 것이 아주아주 작아 보였어요.

문득 아널드는 땅에 놓여 있는 작은 물체를 보고 번뜩이는 아이디어를 떠올렸어요. 그건 바로 키샤의 자전거였어요!

"프리즐 선생님, 저 좀 내려 주세요!"

아널드가 팔다리를 흔들며 소리쳤어요.

"우리 모두를 구할 방법이 떠올랐어요!"

6장
페달 밟기를 멈출 수 없어!

    땅으로 내려온 아널드는 바쁘게 움직였어요. 아널드는 키샤의 자전거 바퀴를 발전기의 회전자에 연결하며 중얼거렸어요.

    "자전거 바퀴를 돌리는 힘으로 발전기의 회전자를 돌리는 거야. 그러면 전기가 만들어져서 전등에 불이 들어오겠지? 만약 안 된다면……. 아냐, 꼭 될 거야. 리즈, 이제 시험해 보자!"

아널드는 자전거에 올라타서 손잡이를 꼭 쥐었어요. 리즈가 양쪽 손잡이 사이에 앉아 호루라기를 삐익 불자, 아널드는 자전거 페달을 밟아 바퀴를 돌리기 시작했어요. 발전기의 회전자도 같이 돌아가기 시작했

지요!

 "리즈, 이것 봐! 휘발유 없이도 회전자를 돌릴 수 있어. 환경 오염을 일으키지 않는 어린이 에너지로 회전자를 돌릴 수 있다고!"

전등이 깜빡거리기 시작하자 아널드는 환호성을 질 렀어요.

"와! 우리가 해냈어! 얼룩 괴물, 넌 이제 끝났어!"

리즈가 빠른 박자로 호루라기를 불었어요. 아널드는 박자에 맞춰 자전거 페달을 점점 더 빨리 돌렸어요.

"헉헉……. 이렇게 힘든데 계속 돌릴 수 있을까?"

아널드가 가쁜 숨을 내쉬며 말했어요.

아널드는 페달을 밟고 또 밟았어요. 점점 기운이 빠지기 시작했지요. 그때 친구들이 나타났어요.

"우아, 불빛이 켜졌어! 아널드가 해냈어!"

조티가 기뻐했어요.

"그런데 아널드 좀 봐."

완다가 아널드를 가리켰어요. 아널드는 엄청나게 헉헉거리고 있었지요.

"아널드는 진짜로 얼룩 괴물이 있다고 믿나 봐."

카를로스가 작게 한숨을 쉬었어요.

"난 안 믿어. 너희는? 정말 괴물이 있다고 생각해?"

키샤가 묻자 팀이 말했어요.

"난 괴물 나오는 영화 많이 봤는데, 괴물이 없다고 말하는 어린이가 제일 먼저 잡아먹혀."

팀은 얼룩 괴물을 그려서 친구들에게 보여 주었어요. <u>으스스</u> 소름이 절로 돋을 정도로 무시무시한 모습이었지요.

"으으, 얼룩 괴물이 이렇게 생겼어? 생각보다 무서운데……."

완다가 헉하고 숨을 삼켰어요.

"오, 굉장해!"

카를로스가 외쳤어요.

"잠깐, 촉수가 달려 있는데 육지에 산다고? 촉수동물은 대개 바다에 사는데?"

조티가 의아해하며 말했어요.

키샤는 괴물 그림을 자세히 보았어요. 정말 기괴하고 무서운 괴물이라고 인정할 수밖에 없었지요.

"아널드를 도와야 할 것 같아. 혹시 모르잖아."

키샤가 말했어요.

아널드에게는 도움이 필요했어요. 발전기로 켠 전등 불빛이 꺼질 것 같았거든요. 아널드도 곧 쓰러질 것 같았어요.

"아널드, 좀 쉬어. 이제 내가 할게."

랠프가 먼저 나섰어요. 아이들은 돌아가면서 키샤의 자전거 페달을 밟으며 발전기를 돌렸어요. 하지만 점차 힘이 빠지는 것은 어쩔 도리가 없었어요.

"몇 분만…… 쉴게……. 그러면 다시…… 할 수 있을 거야……."

팀이 녹초가 되어 그대로 바닥에 누웠어요.

"휴, 밤새 이렇게 할 수는 없어."

키샤가 지친 표정으로 말했어요.

"얘들아, 그래도 다른 방법이 없어. 계속 페달을 밟아야 해."

아널드는 흐느적거리면서 다시 자전거에 올랐어요. 자전거에서 삐걱삐걱 이상한 소리가 났지만 아널드는 있는 힘껏 페달을 밟았어요.

바로 그때 위이이잉 소리가 나더니 자전거 바퀴가 쑤욱 빠지고 말았어요. 아이들은 놀란 토끼 눈이 되어 바퀴가 저 멀리 굴러가는 것을 바라보았어요.
"내 자전거! 빨리! 바퀴를 잡아!"
키샤가 소리치며 바퀴를 잡으러 뛰어갔어요. 아널드는 바퀴가 통통 튀어 오르면서 강 쪽으로 굴러가는 것을 바라보았어요.

"이런, 곧 밤인데! 청정에너지를 만들 우리의 유일한 재료가 사라졌어!"

아널드는 울부짖었어요.

"불빛이 없으면 얼룩 괴물을 막을 수가 없잖아! 우린 이제 끝장이야!"

7장
데굴데굴 바퀴 대소동

아이들은 바퀴를 잡기 위해서 있는 힘껏 달렸어요. 바퀴는 언덕을 따라 굴러 내려갔어요. 랠프는 펄쩍 뛰어서 바퀴를 잡으려 했지만 손이 닿지 않았어요.

바퀴는 아이들 눈앞에서 사라졌다가 앞쪽 나무에 부딪힌 뒤, 키샤와 팀 쪽으로 빠르게 굴러갔어요.

"으아아아악!"

키샤와 팀은 비명을 지르며 옆으로 피했어요.

바퀴가 완다를 향해 굴러갔어요. 아니, 완다 발 쪽에 있는 아기 다람쥐를 향해서요.

아널드가 완다를 향해 소리쳤어요.

"완다! 빨리 잡아!"

완다는 재빨리 아기 다람쥐를 들어 올렸어요.

"바퀴를 잡으란 얘기였는데……."

아널드가 중얼거렸지요.

바퀴는 계속 데굴데굴 굴러갔어요. 강가 쪽으로 구르는 바퀴를 따라 아이들도 쉴 새 없이 달렸어요.

풍덩! 이윽고 바퀴는 강물에 빠졌어요. 큼지막한 두 바위틈에 낀 바퀴는 제자리에서 빙빙 돌고 있었지요.

"와, 저것 좀 봐!"

완다가 소리쳤어요.

"빠른 물살 때문에 바퀴가 돌고 있어!"

조티가 말했어요.

"저기에서 돌아 봤자 우리한테 아무 도움 안 돼."
아널드가 말했어요.

아널드는 바위틈에 낀 바퀴 쪽으로 가서 힘껏 손을 뻗었어요.

"으윽, 닿을 것 같은데……. 물에 빠지지 않게 누가 나 좀 잡아 줘! 내가 바퀴를 꺼낼게!"

아이들은 아널드의 다리를 잡았어요. 아널드는 몸을

쭉 빼서 바퀴를 턱 잡아 올렸어요.

"더 어두워지기 전에 야영장으로 돌아가자!"

아널드는 머리에 바퀴를 이고서 야영장을 향해 달렸어요. 마치 그 일에 목숨이라도 달린 것처럼 젖 먹던 힘까지 내어서 달렸지요.

휘이잉! 그때 맞은편에서 거센 바람이 불었어요.

"이런……. 바람이…… 너무…… 세!"

아널드는 숨을 헐떡거렸어요. 세찬 맞바람을 뚫고 나아가려니 거대한 벽돌담을 밀고 있는 듯했지요. 아널드는 손가락이 얼얼하도록 바퀴를 꽉 움켜쥐었어요.

갑자기 더욱 세찬 바람이 휘몰아쳐 아널드는 그만 바퀴를 놓치고 말았어요.

"안 돼애애애!"

아널드는 꽥 비명을 질렀어요.

바퀴는 바람에 휘말려 하늘 높이 날아올랐어요.

"헉, 바퀴 좀 봐! 하늘에서 혼자 돌고 있어!"

조티가 말했어요.

바퀴는 바람의 힘으로 회전하고 있었어요. 이내 바람이 잦아들자 땅으로 툭 떨어졌지요. 그러자 랠프가 바퀴를 집어 들고 달리기 시작했어요.

"랠프, 달려! 너한테 우리 목숨이 달려 있어!"

아널드가 소리쳤어요.

이윽고 아이들은 야영장으로 돌아왔어요.

조티가 바퀴를 받아 들었어요. 조티는 이것저것 조립하고 작동시키는 일을 아주 잘했거든요.

"음, 이건 이렇게 맞추면 되겠어."

조티는 바퀴를 자전거에 끼운 뒤 단단히 조였어요. 그런 다음 바퀴를 휙 돌려 보았어요. 그러자 발전기 불빛이 깜빡거렸어요.

"다행히 안 망가졌네. 팀, 자전거 바퀴를 돌려!"

조티가 말했어요. 하지만 팀은 더 이상 페달을 밟을 힘이 없었어요.

"기운이 없어서 더는 못 하겠어."

"누구든 페달을 돌려야 해. 할 사람 없어?"

도로시 앤이 물었어요.

아널드는 손을 들 힘도 없었어요. 키샤, 랠프, 완다, 카를로스, 조티도 마찬가지였지요.

"하루 종일 놀고, 페달 밟고, 바퀴를 쫓아 달렸잖아. 모두 너무 지쳤어."

완다가 말했어요.

아널드도 기운이 없었어요. 하지만 날이 저물기 전에 얼룩 괴물이 오지 못하게 막아야 했지요.

"그래도 뭔가 해야 해. 그렇지 않으면 얼룩 괴물이 우릴 찾아올 거야."

아널드가 걱정했어요.

그때 프리즐 선생님이 다가왔어요. 선생님 손에 들려 있는 바람개비가 뱅글뱅글 돌고 있었어요.

"여러분, 꿋꿋하게 잘하고 있네요. 이번에도 분명 문제를 해결할 수 있을 거예요."

프리즐 선생님이 아이들을 격려해 주었어요.

"어떻게요?"

아널드가 묻자 프리즐 선생님이 말했어요.

"머리를 써요. 두뇌의 힘!"

'두뇌의…… 힘?'

아널드는 골똘히 생각에 잠겼어요. 그러다가 문득 좋은 아이디어를 떠올렸지요.

"두뇌의 힘, 바로 그거야!"

아널드가 외쳤어요.

8장
물과 바람의 힘을 모아서

어느새 해가 뉘엿뉘엿 넘어가고 있었어요. 완전히 컴컴해지기까지 얼마 남지 않은 것 같았지요.

"아널드, 무슨 좋은 생각이라도 있어?"

키샤가 물었어요.

"바퀴를 돌릴 두 가지 방법이 떠올랐어. 물의 힘과 바람의 힘, 그러니까 **수력**과 **풍력**을 이용하는 거야!"

아널드가 들뜬 목소리로 말했어요.

"맞아, 아까 바퀴가 물속에 빠졌을 때 폭포 물살에 자전거 바퀴가 돌았어!"

조티가 맞장구쳤어요.

"또 바람이 불 때는 바퀴가 날면서 저절로 돌았지!"

키샤도 덧붙였어요.

"그럼 발전기의 회전자를 돌리려고 휘발유를 태우거나 밤새 페달을 밟지 않아도 되는 거네!"

랠프가 외쳤어요.

"이제 수력과 풍력을 이용할 방법을 찾아야 해."

아널드가 말했어요.

"맞아!"

아이들이 한목소리로 외쳤어요.

"좋아, 얘들아. 해 보자!"

아널드도 외쳤지요.

아이들은 강둑 근처에 바람이 잘 부는 곳을 찾아냈어요. 키샤는 바퀴를 끼울 삼각대를 설치했어요.

"바퀴가 잘 돌아갈 수 있게 바람을 받을 것이 필요한데……. 아, 그게 좋겠다!"

조티가 카드 뭉치를 꺼냈어요.

"야구 카드를 가져오길 잘했어!"

조티는 자전거 바퀴 살에 카드를 한 장 한 장 붙였어요. 카드를 다 붙이자 랠프가 다음 할 일을 알려 주었어요.

"이제 바퀴를 발전기 회전자에 연결하면 돼."

"짜잔!"

카를로스가 외쳤어요.

"회전자가 돌면 코일에서 전기가 만들어질 거야. 결국 바퀴를 돌리는 힘이 전기가 되는 거지!"

잠시 후 바람이 불었어요. 바퀴에 붙인 카드가 바람을 받으면서 바퀴가 돌기 시작했어요. 바퀴는 점점 더 빠르게 돌았어요.

"야호!"

아널드는 신이 난 목소리로 외쳤어요.

아널드는 기다란 전기 코드를 발전기에 연결한 다음, 전선을 죽 끌고 야영장으로 갔어요.

한편 폭포에서는 더욱 강력한 장치를 설치하고 있었어요. 완다와 도로시 앤은 키샤 자전거의 남은 바퀴를 떼어서 바퀴 테두리에 줄줄이 컵을 붙인 다음, 물살이 빠른 곳에 설치했어요.

"컵에 물이 가득 차면 그 무게 때문에 바퀴가 돌아갈 거야."

도로시 앤이 설명했어요.

"준비 다 됐지? 그럼 이제 전기를 만들어 보자!"

팀이 말했어요.

빠르게 흐르는 물이 물방울을 튀기면서 컵 안으로 밀려들었어요. 물의 힘으로 바퀴가 돌기 시작하자 아이들은 환호성을 질렀어요.

"작동해! 성공이야!"

완다는 도로시 앤을 보며 엄지손가락을 세워 보였어요. 이제 다음 단계를 시도할 차례였지요.

도로시 앤은 새 전기 코드를 가져왔어요. 한쪽을 발전기에 연결한 뒤, 반대쪽을 잡고 야영장으로 갔어요.

도로시 앤이 야영장에 도착했을 때, 아널드는 몹시

긴장한 표정을 짓고 있었어요.

"아널드, 괜찮아? 겁먹은 것 같은데."

아널드는 숨을 크게 내쉬면서 말했어요.

"후유, 맞아. 만약 실패한다면 얼룩 괴물한테 먹힐 각오를 해야 하니까."

아널드와 도로시 앤은 전기 코드에 전등을 연결했어

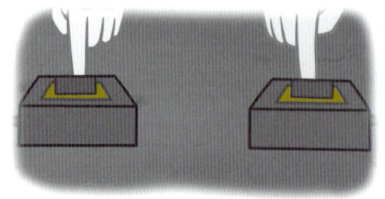
요. 아널드는 전등 스위치를 누르려다가 친구들을 돌아보았어요.

"얘들아. 오늘 우린 협동해서 큰일을 해냈어. 모두 정말로 멋졌다고 말해 주고 싶어."

랠프가 아널드의 말을 가로막았어요.

"알았어. 벌써 어두워졌으니까 빨리 스위치 켜!"

아널드는 심호흡을 한 뒤 도로시 앤과 함께 스위치를 눌렀어요. 아널드는 야영장을 돌아보았어요. 속이 울렁거렸지요. 야영장에는 아무 일도 일어나지 않았어요.

9장
한여름 밤의 캠프파이어

아널드는 가슴이 철렁 내려앉는 것 같았어요. 전등 불빛이 켜지지 않았으니 아널드의 얼룩 괴물 퇴치기는 완전히 실패한 거예요.

바로 그때였어요. 야영장에 빙 둘러놓은 전등에 번쩍 하고 불이 들어왔어요.

"아널드, 네가 해냈어!"

도로시 앤이 환호성을 질렀어요.

"우리 모두가 해낸 거야. 환한 불빛, 깨끗한 전기, 그리고 얼룩 괴물 퇴치까지!"

"야호오오!"

아이들은 신이 나서 소리를 질렀어요.

전등은 환히 빛나고 있었고, 얼룩 괴물은 어디에도 보이지 않았어요.

이제 아이들은 신나게 놀 준비가 되었어요. 신기한 스쿨버스는 어느새 거대한 캠핑카로 변신해 있었지요.

"여러분, 환경 오염을 일으키지 않는 친환경 전기를 만들다니 정말 대단해요."

프리즐 선생님의 칭찬에 아널드가 말했어요.

"얼룩 괴물도 없어요. 그게 가장 좋은 점이에요."

"프리즐 선생님, 같이 마시멜로 구워 먹어요!"

키샤가 프리즐 선생님을 불렀어요.

아이들은 탁탁거리며 타오르는 모닥불 주위에 둘러앉았어요. 프리즐 선생님도 아이들 쪽으로 다가왔어요.
"짠! 청정에너지로 작동하는 신기한 친환경 마시멜로 토스터를 가져왔어요."
프리즐 선생님이 토스터에서 날아오른 마시멜로를 잡아 내자 아이들은 함빡 웃었어요.

그때 완다가 헉하고 숨을 들이켰어요.

"저, 저게 뭐야?"

완다는 신기한 스쿨 캠핑카 위로 어른거리는 거대하고 시커먼 그림자를 가리켰어요.

"맙소사, 결국 얼룩 괴물이 나타났어!"

아널드가 외쳤어요.

"하지만 여긴 오염되지 않았는데?"

완다가 말했어요.

"게다가 불빛도 이렇게 환하잖아!"

카를로스가 덧붙였어요.

"일단 모두 숨어!"

아널드가 소리치자 아이들은 여기저기로 허겁지겁 달아났어요.

그때 프리즐 선생님이 말했어요.

"여러분, 도망갈 필요 없어요. 저 그림자는 우리 반의 귀염둥이 리즈 괴물이에요!"

'리즈 괴물이라고?'

아이들은 신기한 스쿨 캠핑카 쪽을 다시 살펴보았어요. 리즈는 작은 도마뱀이지만, 손전등 불빛을 받아 아주 큰 그림자가 비친 것이었지요.

"봐, 아널드. 걱정할 것 없어."
완다가 안심한 듯 말했어요.
"지금은 그렇겠지."
아널드가 투덜거렸어요.
아이들은 자리로 돌아와 모닥불에 마시멜로를 구워 먹었어요. 프리즐 선생님, 신기한 스쿨버스, 그리고 친환경 청정에너지 덕분에 멋진 캠핑 여행이 되었지요!

프리즐 선생님 반 홈페이지 ✕

http://FrizzleClass/Focuskeyword

신기한 과학 개념 사전

현장 학습의 핵심 용어부터 과학 교과서 속 지식까지!
한눈에 쏙쏙 들어오는 설명으로 과학 개념을 잡아요.

전기

전기는 눈에 보이지 않는 아주 작은 물질인 **전자**가 움직이면서 생기는 에너지예요. 하늘에서 번쩍이는 번개, 겨울철에 스웨터를 입고 벗을 때 타다닥 소리와 함께 찌릿하는 마찰 전기 등 자연 현상에서도 관찰할 수 있지요. 우리가 사용하는 전기는 주로 **발전소**에서 만들어져 **전선**을 통해 집으로 흘러 들어와요.

전등, 휴대폰, 컴퓨터 같은 전기 기구는 전기가 있어야 쓸 수 있어!

발전기

발전기는 기계를 움직여서 전기 에너지를 일으키는 장치예요. 발전기는 크게 두 부분으로 이루어져요. 한가운데에서 빙빙 도는 **회전자**는 자석으로 만들어요. 그 바깥에는 전선을 둘둘 감은 **코일**이 있지요. 회전자를 돌리면 코일에서 전기가 생겨요. 회전자는 다양한 에너지를 써서 돌릴 수 있답니다.

발전기 속 회전자가 돌면서 전기 에너지가 만들어져!

에너지

에너지는 물체가 가지고 있는 일을 할 수 있는 능력이에요. 우리 주변의 물체들은 열에너지, 빛 에너지, 전기 에너지, 위치 에너지, 운동 에너지 등 다양한 형태의 에너지를 가지고 있어요. 에너지는 다른 형태의 에너지로 바뀔 수 있어요. 전등에 불이 켜질 때는 전기 에너지가 빛 에너지와 열에너지로 전환돼요. 폭포에서 아래로 떨어지는 물은 위치 에너지가 운동 에너지로 전환되지요. 이렇게 **에너지 전환**을 이용해 필요한 형태의 에너지를 얻을 수 있어요.

환경 오염

사람들의 활동으로 자연환경과 생활 환경이 더럽혀지는 현상을 **환경 오염**이라고 해요. 각종 매연과 유해 가스로 생기는 대기 오염, 생활 하수나 폐수로 생기는 수질 오염, 무분별한 농약, 비닐, 플라스틱 사용으로 생기는 토양 오염 등이 있어요. 환경이 오염되면 그곳에 살고 있는 생물들에 큰 피해를 주니, 이를 막기 위해 모두가 노력해야 해요.

청정에너지

오염 물질이 잘 만들어지지 않는 깨끗한 에너지를 **청정에너지**라고 해요. 쓰고 나면 없어지지 않고 계속 다시 쓸 수 있기 때문에 **재생 에너지**라고도 하지요. 높은 곳에서 떨어지는 물의 힘을 이용한 **수력 에너지**, 바람의 힘을 이용한 **풍력 에너지**, 태양이 내뿜는 빛을 이용한 **태양 에너지** 등이 청정에너지예요. 석탄이나 휘발유를 이용할 때처럼 환경을 오염시키는 **배기가스**가 나오지 않아 환경을 지킬 수 있어요.

자원 고갈과 환경 오염을 막기 위해 청정에너지 개발에 더욱 힘써야 해!

프리즐 선생님 반 홈페이지

http://FrizzleClass/Bestfriends

호기심 해결! 질문 톡톡

더 알고 싶은 과학, 프리즐 선생님에게 물어보세요!
웃음이 빵빵 터지는 수다 속에 과학 지식이 담겨 있어요.

Q 프리즐 선생님, 전기는 어떻게 우리 집으로 오는 거예요? 30분전

 작성자 카를로스

 답변자 프리즐 선생님

집에서는 콘센트에 전기 기구 플러그를 꽂기만 하면 언제든 전기를 사용할 수 있지? 그건 발전소에서 집으로 전기를 보내 준 덕분이란다. 발전소는 수력, 풍력 외에도 화력, 원자력 등 여러 가지 방법으로 전기를 만들어. **화력 발전소**는 석탄, 석유, 천연가스 등을 태워서 나오는 수증기의 힘으로, **원자력 발전소**는 우라늄 같은 핵연료에서 핵분열이 일어날 때 나오는 힘으로 전기를 일으키지.

 답변자 완다

전선과 플러그가 달려 있는 전기 기구도 있지만, 손전등처럼 없는 것도 있잖아요. 그런 건 어떻게 전기를 얻어서 작동하는 거죠?

 답변자 프리즐 선생님

손전등이나 리모컨처럼 전선이 없는 전기 기구는 전지에서 전기 에너지를 공급받아 작동하지. **전지**는 물질이 변화하면서 나오는 에너지를 전기 에너지로 바꿔 주는 장치야. 우리가 흔히 쓰는 건전지도 전지의 한 종류란다.

Q 깨끗한 전기를 만들 방법이 또 있나요? 어둡고 오염된 곳에선 얼룩 괴물이 나타날 수 있으니 늘 대비를 해야 하거든요. 17분전

 작성자 아널드

↳ 답변자 프리즘 선생님

밀물과 썰물을 이용할 수 있단다. **밀물**은 바닷물이 육지 쪽으로 밀려와서 해수면이 높아지는 현상이고, **썰물**은 바닷물이 바다 쪽으로 빠져나가 해수면이 낮아지는 현상을 말해. 밀물 때 들어온 바닷물을 둑 안에 채워 둔 뒤 썰물 때 내보내는 과정에서, 물의 힘으로 전기를 만들 수 있어.

↳ 답변자 아널드

흠……. 밀물과 썰물은 제가 이용하기엔 조금 버거울 것 같아요. 또 다른 방법은요?

↳ 답변자 프리즘 선생님

지구 내부에서 나오는 열, **지열**을 이용하는 건 어떨까? 땅속 깊은 곳으로 파고 들어 갈수록 온도는 더 높아진단다. 이때 나오는 열과 뜨거운 물을 이용해 전기 에너지를 만들 수도 있어.

↳  답변자 키샤

아널드, 그냥 간편하게 손전등과 건전지를 가지고 다니면 되잖아!

↳ 답변자 랠프

푸하하, 난 아널드가 제일 웃겨!

전 세계 1억, 국내 1천만의 신화, 어린이 과학책의 베스트셀러
신기한 스쿨버스™ 시리즈

5세 이상
신기한 스쿨버스™ 키즈 (전 30권)
조애너 콜 글·브루스 디건 그림 | 이강환, 이현주 옮김
우리 아이의 첫 과학 그림책. 아이가 좋아하는 내용으로 **과학 호기심이 쑥쑥**.

6세 이상
과학탐험대 신기한 스쿨버스 (전 13권)
조애너 콜 외 글·브루스 디건 외 그림 | 이한음, 이강환, 김현명 옮김
혼자 읽기 좋은 과학 동화. 읽기 적당한 분량으로 **과학과 책 읽기에 자신감이 쑥쑥**.

8세 이상
신기한 스쿨버스™ (전 13권)
조애너 콜 글·브루스 디건 그림 | 이강환, 이연수, 이한음 옮김
전 세계에서 사랑받는 과학책의 베스트셀러. 더 많은 정보로 **과학 이해력이 쑥쑥**.

9세 이상
신기한 스쿨버스™ 어드벤처 (전 5권) NEW
앤마리 앤더슨 외 글·아트풀 두들러스 그림 | 이한음 옮김
읽기 능력이 자라나는 과학 스토리북. 흥미진진한 모험으로 **과학 문해력이 쑥쑥**.